Avril 1877

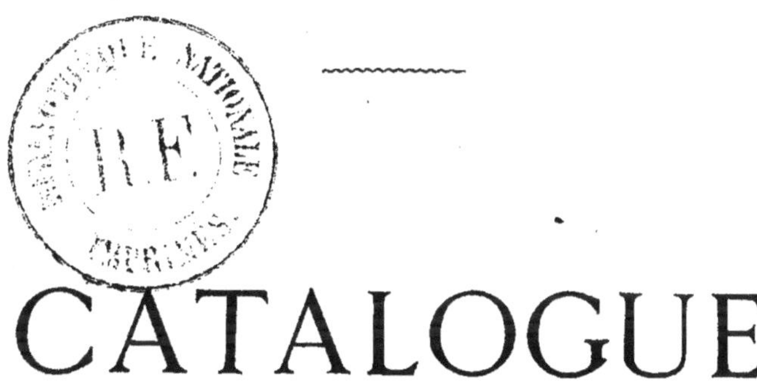

# CATALOGUE

**Prix : 50 centimes**

# CATALOGUE

DE LA 3<sup>e</sup>

# EXPOSITION

## DE PEINTURE

PAR MM.

CAILLEBOTTE — CALS — CEZANNE — CORDEY
DEGAS — GUILLAUMIN — JACQUES-FRANÇOIS — LAMY
LEVERT — MAUREAU — C. MONET — B. MORISOT
PIETTE — PISSARRO — RENOIR — ROUART
SISLEY — TILLOT

De 10 heures à 5 heures

## 6, RUE LE PELETIER, 6

### PARIS

**AVRIL 1877**

# DÉSIGNATION

**CAILLEBOTTE** (Gustave)

77, rue Miroménil.

1 — Rue de Paris; Temps de pluie.
2 — Le pont de l'Europe.
3 — Portraits à la campagne.
4 — Portrait de madame C...
5 — Portraits.
6 — Peintres en bâtiments.

---

**CALS** (Adolphe-Félix)

70, rue Rochechouart.

7 — La Cour Saint-Siméon, à Honfleur.
8 — Paysage, à Saint-Siméon.
9 — Jeune Mère.
10 — La rue Varin, à Honfleur.

11 — Femmes effilant de l'étoupe.
12 — Le Coin du feu.
13 — La mère Doudoux.
14 — Femme couchée; Étude.
15 — Paysage; Soleil levant.
16 — Jeune femme; le matin.

———

## CEZANNE (Paul)

67, rue de l'Ouest.

17 — Nature morte.
18 —         Id.
19 —         Id.
20 — Étude de fleurs.
21 —         Id.
22 — Paysage; Étude d'après nature.
23 —     Id.              Id.
24 —     Id.              Id.
25 —     Id.              Id.
26 — Les baigneurs; Étude, projet de tableau.
27 — Tigre.
28 — Figure de femme; Étude d'après nature.
29 — Tête d'homme; Étude.
30 — Aquarelle; Impression d'après nature.
31 —     Id.                  Id.
32 — Aquarelle; Fleurs.

———

## CORDEY (Frédéric)

14, rue Le Chapelais.

33 — Rue, à Montmartre.
34 — Le pont des Saints-Pères.
35 — Le Séchoir (Chantilly).
36 — Pêcheur (esquisse).

———

## DEGAS (Edgar)

4, rue Frachot.

37 — Femmes devant un café, le soir; appartient à
       M. C...
38 — École de danse, appartient à M. H. H...
39 — Ballet.
40 — Danseuse, un bouquet à la main.
41 — Danseuses à la barre.
42 — Chanteuse de café-concert.
43 — Café-concert, appartient à M. Ch. H...
44 —       Id.       appartient à M. V...
45 — Femme sortant du bain, appartient à M. C...
46 — Femme prenant son *tub* le soir.
47 — Choristes, appartient à M. C...
48 — Classe de danse.
49 — Portrait de monsieur H. R...

50 — Bains de mer; Petite fille peignée par sa bonne,
   appartient à M. H. R...

51 — Petites filles du pays se baignant dans la mer à
   la nuit tombante.

52 — Coulisses de théâtre.

53 — Portrait.

54 —    Id.

55 — Billard.

56 — Cabinet de toilette.

57 — Ballet.

58 — Dessins faits à l'encre grasse et imprimés.

59 —       Id.        Id.

60 —       Id.        Id.

61 — Répétition de ballet.

---

## GUILLAUMIN (Armand)

13, quai d'Anjou.

62 — Le parc d'Issy en automne.

63 — Route de Clamart à Issy.

64 — Viaduc de Fleury.

65 — Rue de Saint-Cloud, à Clamart.

66 — Lavoir, à Billancourt.

67 — Le parc d'Issy.

68 — Le coteau de Meudon.

69 — Le Val Fleury.

70 — Rue de Trosy, à Clamart.
71 — Femme couchée.
72 — Le parc d'Issy.
73 — Rue, à Clamart.

## JACQUES-FRANÇOIS

74 — Portrait de madame B...
75 — A Vêpres.

## LAMY (Franc)

Chez M. Legrand, 22 *bis*, rue] Laffitte.]

76 — Une rue, à Évreux.
77 — Une place, à Évreux.
78 — Coucher de soleil à Montmartre.
79 — Plein soleil à Montmartre.

## LEVERT (Jean-Baptiste-Léopold)

53, rue Dalayrac, à Fontenay-sous-Bois.

80 — Paysage du Limousin.

81 — Étude à Malesherbes.
82 — Route sur le plateau de Fontenay.
83 — Sablonnière, forêt de Fontainebleau.
84 — Étude de forêt.
85 — Moulin de Touviaux.

---

## MAUREAU (Alphonse)

8, rue Couston.

86 — La place Pigalle.
87 — Bords de la Seine.
88 — Bords de la Seine.
89 — Animaux.

---

## MONET (Claude)

à Argenteuil.

90 — La Prairie, appartient à M. H...
91 — La mare à Montgeron, appartient à M. H...
92 — Paysage d'automne,            Id.
93 — Les Dalhias (Montgeron),      Id.
94 — Dans la prairie, appartient à M. Duret.
95 — Les Tuileries, appartient à M. de Bellio.
96 — Paysage : le parc Monceaux.      Id.

97 — Arrivée du train de Normandie, gare St-
Lazare, appartient à M. H...

98 — Le pont de Rome (gare St-Lazare), appartient à M. de Bellio.

99 — Portrait d'enfant, appartient à M. H...

100 — La gare St-Lazare, arrivée d'un train, appartient à M. H...

101 — Les Dindons (décoration non terminée), appartient à M. H...

102 — Vue intérieure de la gare St-Lazare.

103 — La maison du passeur à Argenteuil, appartient
à M. Manet.

104 — Marine (Argenteuil), appartient à M. Manet.

105 — Les Tuileries : Esquisse.

106 — Corbeille de fleurs, appartient à M. Charpentier.

107 — La plaine de Gennevilliers.

108 — Effet d'automne à Montgeron, appartient à
M. H...

109 — Le Châlet, appartient à M. H...

110 — Marine (Ste-Adresse), appartient à M. Duret.

111 — Le grand quai au Hâvre (Esquisse), appartient
à M. Fromenthal.

112 — Un Jardin, appartient à M. H...

113 — Un Jardin.

114 — Portrait.

115 — Intérieur d'appartement, appartient à M. G. C.

116 — Intérieur de la gare St-Lazare, à Paris.

117 —     Id.         Id.         Id.

118 — Intérieur de la gare Saint-Lazare, à Paris.
119 — Le Jardin des Tuileries.

---

### **MORISOT** (Berthe)

120 — Tête de jeune fille.
121 — La Psyché.
122 — La Terrasse.
123 — Jeune femme à sa toilette.
124 — L'Amazone.
125 — Pastel.
126 — Vue de la Tamise (Pastel).
127 — Aquarelle.
128 —     Id.
129 —     Id.
130 — Dessin.
131 —     Id.

---

### **PIETTE** (Ludovic)

Rue Véron.

132 — Le marché de la place de l'Hôtel-de-Ville,
       à Pontoise.
133 — Marché de Pontoise, place du Grand-Martroy.

134 — Marché de Pontoise, place du Grand-Martroy.
135 — Marché aux porcs à Lassay (Effet de neige).
136 — Cour de l'hôtel de Cluny, à Paris.
137 — Marché aux volailles, au Mans.
138 — Marché aux légumes, à Pontoise.
139 — Fin de marché, à Lassay.
140 — L'arrivée au marché (Effet de neige).
141 — Fête de l'hermitage, à Pontoise.
142 — Vieilles halles, à Lassay.
143 — Fleurs.
144 — Fleurs.
145 — Marché aux vaches, place des Jacobins, au
Mans.
146 — Prairie ; Crépuscule (Aquarelle).
147 — Rue, à Lassay ; Neige fondante  Id.
148 — Fête des Fossés, à Pontoise  Id.
149 — Cirque forain  Id.
150 — Marché aux porcs, à Lassay  Id.
151 — Vue de Cluny, à Paris  Id.
152 — Vue de Pontoise  Id.
153 — Jardin de la Ville, au Mans  Id.
154 — Fête de l'hermitage à Pontoise. (Aquarelle).
155 — Fenaison.  Id.
156 — Jardin.  Id.
157 — Bois en automne.  Id.
158 — Chute des feuilles.  Id.
159 — Givre.  Id.
160 — Battage du grain à la mécanique.  Id.

161 — Fenaison. (Aquarelle.)
162 — Fauche des foins. (Aquarelle.)

---

## PISSARRO (Camille)

à Pontoise, rue de l'Hermitage.

163 — Côte Saint-Denis à Pontoise, appartient à M. C...
164 — Le verger, côte Saint-Denis, à Pontoise.
165 — Sous bois,        id.        id.
166 — Jardin des Mathurins, à Pontoise.
167 — Coin du Jardin des Mathurins, à Pontoise.
168 — Sentier près les Mathurins,        id.
169 — Verger de Montbuisson, à Pontoise.
170 — Vue de Saint-Ouen-l'Aumône, appartient à M. H...
171 — La plaine d'Épluches (Arc-en-ciel), appartient à M. H...
172 — Bord de l'Oise en automne, appartient à M. Ch...
173 — Bord de l'Oise, route d'Auvers.
174 — Place de l'hermitage à Pontoise.
175 — Grand poirier, à Montbuisson, appartient à M. H...
176 — Paysage avec ruine (Automne), appartient à M. H...

177 — Bord de l'Oise, marine.
178 — Basse-cour. Pluie.
179 — Vue de l'hermitage.
180 — La Moisson, appartient à M. C...
181 — Allée sous bois, à Montfoucault, appartient à
      M. C...
182 — Un friche, à Montfoucault.
183 — Paysage.
184 — La Plaine, à Pontoise.

---

## RENOIR (Pierre-Auguste)

35, rue Saint-Georges.

185 — La Balançoire, appartient à M. C...
186 — Bal du moulin de la Galette.
187 — Portrait de madame G. C., appartient à
      M. G. Charpentier.
188 — Portrait de mademoiselle G. C., appartient
      à M. G. Charpentier.
189 — Portrait de madame A. D., appartient à M. A. D.
190 — Portrait de M. Sisley.
191 — Portrait de mademoiselle S...
192 — Portrait de M. S...
193 — Jeune fille.
194 — Femme assise.
195 — La Seine à Champrosay.
196 — La place Saint-Georges.

197 — Coucher de Soleil.
198 — Jardin.
199 —   Id.
200 — Tête de jeune fille.
201 — Bouquet de fleurs des champs.
202 — Deux têtes.
203 —   Id.
204 — Les Dalhias.
205 — Portrait d'enfant.

---

## ROUART (Henri)

34, rue de Lisbonne.

206 — Bords de la Sédelle.
207 — Ferme bretonne.
208 — Portrait.
209 — Vallée de Cauterets.
210 — Quai des Fourneaux, à Melun.

---

## SISLEY

à Marly-le-Roy.

211 — Le Chalet; Gelée blanche, appartient à M. H...
212 — Le Parc, appartient à M. H...

213 — Route, le soir, appartient à M. H...

214 — Scieurs de long, appartient à M. de Bellio.

215 — Rue de village,                Id.

216 — Les Gressets, village aux environs de Paris, appartient à M. de Bellio.

217 — La Seine, au Pecq, appartient à M. Charpentier.

218 — Champ de foin, appartient à M. Charpentier.

219 — La machine de Marly, appartient à M. Duret.

220 — Le pont d'Argenteuil en 1872, appartient à M. Manet.

221 — Bords de la Seine. Coup de vent, appartient à M. Ch...

222 — L'Abreuvoir, à Marly.

223 — L'Auberge du Lion-d'Or.

224 — Village de Marly. (Effet de neige.)

225 — Le Lavoir, à Marly.

226 — La Terrasse, à Marly.

227 — Inondations.

---

## TILLOT (Charles)

4, rue Fontaine-St-George.

228 — Forêt de Fontainebleau.

229 — Le Bas-Bréan et la plaine de Chailly.

230 — Plage de Villers.

231 — Rouen.

232 — Maison et atelier de J.-F. Millet, à Barbizon.
233 — La rue de Barbizon.
234 — Bout du village de Barbizon.
235 — Meules dans la plaine.
236 — Vue prise des hauteurs des Forges d'Apremont.
237 — Étude d'arbres.
238 — Vue prise à Villers.
239 — Fleurs.
240 — Tête de femme.
241 — Portrait de M. X...

FIN.

Paris. — Imprimerie E. Capiomont et V. Renault, 6, rue des Poitevins.

www.ingramcontent.com/pod-product-compliance
Lightning Source LLC
LaVergne TN
LVHW021923180726
843502LV00008B/3225